中国顶级交易员访谈丛书

来自成功交易者的宝贵经验

交易员的自我修养 4

雨雷 在路上 著

企业管理出版社
ENTERPRISE MANAGEMENT PUBLISHING HOUSE

图书在版编目（CIP）数据

交易员的自我修养：中国顶级交易员访谈实录．雨雷、在路上 / 雨雷，在路上著．— 北京：企业管理出版社，2021.7

（中国顶级交易员访谈丛书）

ISBN 978-7-5164-2413-1

Ⅰ.①交… Ⅱ.①雨… ②在… Ⅲ.①金融投资—经验Ⅳ.①F830.59

中国版本图书馆 CIP 数据核字（2021）第 115017 号

书　　名： 交易员的自我修养：中国顶级交易员访谈实录

作　　者： 雨　雷　在路上

责任编辑： 李　坚　张　楠

书　　号： ISBN 978-7-5164-2413-1

出版发行： 企业管理出版社

地　　址： 北京市海淀区紫竹院南路17号　　邮编：100048

网　　址： http：//www.emph.cn

电　　话： 编辑部（010）68414643　发行部（010）68701816

电子信箱： qiguan1961@163.com

印　　刷： 三河市东方印刷有限公司

经　　销： 新华书店

规　　格： 147毫米×210毫米　32开本　3.625印张　60千字

版　　次： 2021年7月第1版　2021年7月第1次印刷

定　　价： 68.00元

“证券交易，天下最彻头彻尾充满魔力的游戏。但是，这个游戏愚蠢的人不能玩，懒得动脑子的人不能玩，心理不健全的人不能玩，企图一夜暴富的冒险家不能玩。这些人一旦贸然卷入，到头来终究是一贫如洗！”

——杰西·利弗莫尔

丛书出版说明

相信读过不少投资交易类图书的读者朋友，对于国外出版的《金融怪杰》系列图书一定不陌生，该系列图书通过对各投资领域的投资者进行采访，给想了解这些人的交易理念和方法的读者一个难得的渠道。

但是，该系列图书存在两个问题：一是访谈不够深入的问题。由于时间和篇幅限制，许多内容浅尝辄止，难以深入挖掘一名交易员经历中真正能给人启发的东西。二是访谈对象均为境外投资者。国内投资市场经过几十年的发展，在向西方学习的同时，越来越体现出自己个性化的特征。国外的交易经验放到国内的投资土壤中，有时会存在水土不服的情况。而国内本土交易员的成长经历和交易方法，市面上公开的较少，顶级交易员的经验，更是极少传播。

基于以上原因，三友诚品图书、“老徐话期权”团队一起，共同策划了这套丛书。访谈对象不以名气论英雄，而看重真材实料。其中有神秘莫测的做市商，有大型金融公司的操盘手，有业绩显赫的私募老总，有名不见经传的民间高手，有独辟蹊径的交易怪才……这些交易者中，有的健谈，有的惜句如金，所以，这套书也厚度不一。但总体来说，我们希望每一本都是浓缩“干货”的书，不堆砌、不废话。

我们致力于通过十数年时间，遍访交易高手，汇集成交易经验的饕餮盛宴，以飨读者。读者可以在对比阅读中各取所需，提取适合自己性格和经历的交易干货，站在巨人的肩膀上，尽快走向稳定盈利之路。

该丛书存在两个挑战，一是物色挑选优秀交易员，并说服他接受采访，和大家分享他多年金钱堆积而积攒的宝贵经验；二是在与每位交易员有限的几天一对一访谈时间内，尽可能挖掘出该交易员经验中可资借鉴的内容。不足之处，欢迎读者和各路高手批评指正。联系邮箱：qiguan1961@163.com。如果您对该丛书或交易员访谈感兴趣，也欢迎关注微信公众号“你想赚什么钱”（jiaoyiyuanfangtan），持续关注该套丛书的最新单品及交易员访谈视频。

丛书序

徐華康[1]

我们谁都没有超能力。

如果你走在北京或上海的街上问路人，是否有预测未来的能力，他们必定会投以奇怪的眼光说："你有病吧？是否应该去医院挂个号？"这个问题似乎不应该被正常地询问，因为我们没有超能力也不可能去预测不可知的未来。

在同样的时空下，你是否经常地买卖股票或其他标的资产，自信地预测价格的上涨或下跌？所有人都说无法预

---

① 徐华康，有着20多年交易经验的衍生品专家，微信公众号"老徐话期权"，曾出版《我当交易员的日子》《财富自由之路：ETF定投的七堂进阶课》等书。

测未来，言行却不一致，以为自己通过某个图形或消息就可以预测未来，达到获利的目的。

这是否很矛盾?

在投资上，我们需要在不确定的情况中寻找未来的确定性，通过种种不同的分析方法，用尽所有的努力去找可靠的讯息，只希望能让答案更清楚一点，达到稳定获利的目标。虽然没有预测未来的能力，但是有些人却能将这件事做得很好，获得巨大的成功，也有些人走了长长的弯路后取得了不错的成果。

我们希望能通过成功者的经验，缩短学习的过程，让投资交易的成功路径最短。但根据我多年的经验，某些事情偶尔发生也许会更好，毕竟有些道理是无法教的，直到吃到苦头才会真正学到。你会在书中发现，原来交易员或市场老手，大多都走过一样的路，受到相同的挫折；你可以看到，他们如何克服这些困境，才能在这漫长孤单的旅程中看到更好的风景。

我常常说，交易是一种选择，而不是运气。

在行情下跌的时候你可以选择持续持有或止损出场，

在行情上涨时，你也可以选择持有或获利了结，所有的决定权都在自己手上，但大多数人却将自己的错误选择归咎于运气。当你赚钱了，是天生英明神武的自己选择正确，亏钱的时候则是时不我与的运气不佳。我们应常常向外面的世界看看，那些过去做得比较好的交易员以及你的交易对手们都在怎么做这些事，为什么有些人总是做得比较好，面对错误的选择时，他们如何不让其变成一场灾难。

错误也是这场游戏的一部分。就如同查尔斯·艾利斯（Charles Ellis）在《投资艺术》（*Winning the Loser's Game*）一书中曾说到，在赢家的游戏中，结果取决于赢家正确的行动，在输家的游戏中，结果取决于输家所犯下的错误。而参与者众的投资市场中，你不用是巴菲特或索罗斯，也可以赚到钱，就如同你去参加一场德州扑克的牌局，就算同桌有世界冠军，你仍有可能赚到盆满钵满，只要同桌的菜鸟足够多。就如同投资本来就是一场输家的游戏，我们能够获得成功，不在于我们做得比巴菲特更好，在于我们犯了比市场上其他投资人更少的错，甚至不犯错。

专业投资人做正确的行动，而业余投资人不断犯下错误，而且他们并不知道错在哪里。当股市见顶或触底时，业余投资人最有可能犯下“非受迫性失误”，因为在每一个极度乐观或悲观的情况下，你不知道该怎么做。专业投资人会做出不一样的决定，别人不想要的，他们买进，别人渴望得到的，他们卖出，他们非常熟悉这场游戏的规则，也有自己的经验总结出的方法。你不用犯下所有的错就可以真正学到这些理念，这些正是这套丛书所要传达的。

进入市场交易绝对算得上是一种门槛最低的赚钱行为之一。投资交易访谈的书籍市面上也不算少，但绝大多数围绕国外名人或国内成名多年的基金经理及私募大佬，针对在第一线每天面对行情厮杀的中国顶尖交易员的访谈反而是少数，也许他们与你有更多的相似之处。你一定要仔细听一下这些交易员每次如何面对市场上必须的选择，因为能够吸取那些最棒的前辈已经用实践证明的洞见，绝对是到达成功交易的最短路径。

目 录

1 雨雷

不要再纠结到底基本面交易好还是技术面好，这是两个不同维度，不存在对立面，是长短互补的。每种交易模式都有阶段性的头部选手，且都有优劣，到底人工高频好，还是量化好，还是主观波段趋势好，因人而异。术业有专攻，找到一个符合自己性格的交易模式且纵向深挖精耕细作，一定会有收获！

一切以一劳永逸为出发点的策略，我认为都不长久，老天是公平的，世界也一直在变化，我们不能停止学习和自省的脚步，还是要勤奋，该总结的时候好好总结，该复盘的时候好好复盘。

做计划越详细越好。所谓的越详细越好，不仅仅指很微观的层面，更多的是宏观的层面，什么意思呢？我为了完成接下来的一笔交易，前期做了很多的积累，比如说这段时间大概宏观环境是如何的？这段时间板块有没有联动？哪个板块是最强的？板块里面到底哪个是最强的？心中都要有数。

大宗商品在宏观起作用的时候，往往会出现各板块以及板块内品种同涨同跌的现象。比如此时是同涨的，通过对某品种前期研究的积累，发现它是某板块里产业上最强的品种，同时盘面上也确实表现得最强，这或许就得到了验证。再加上这个品种在盘面上有博弈结构，还有升贴水支持等等，对种种因素的考量权衡，其目的就是逐步把自己置身胜算更大的一面。这种我会尽量在能力范围内布足仓位去“开枪”，需要毕其功于一役的信心和勇气。

交易这件事情本身对于一个人的磨炼是非常高效的。你要做得好，马上就给你奖励，你要做得差，马上就给你“一棍子”，所以它是特别能够纠正一个人三观的事情，至少对我影响蛮大。

人的精力是有限的。有的人精力旺盛或许可以同时干几件事，但基本上身边的朋友，到头来几乎都变成全职交易的了，因为最自由而且不求人。

2 在路上

这个行业里面有太多打法，太多赚钱的方法，非常丰富，其实就像生物界一样，有很多种谋生的方式。

就像草原上你是一只小兔子，你知道狼要吃你，老虎要吃你，狮子要吃你，哪些吃你的你都要知道，但是白天出去吃草还是晚上出去吃草，是你自己能把握的，你非要往狼多的地方跑干嘛呢，对吧？很简单，每一个生物都有它的生存之道，前提是你知道自己是什么，你知道自己是老虎，那就做老虎的事情，你知道自己是小兔子，那就做小兔子的事情，要明确自己在市场上的位置。

特别说明：这本访谈书包含两位交易员的访谈，一位是“雨雷”，一位是“在路上”，应访谈对象要求，本书采用的是交易员的笔名。由于两人都是做商品期货为主，白天、晚上都要看盘，访谈时间有限，内容篇幅较该丛书其他单品简短许多。但在这有限的时间里，却依然有不少干货带给读者，故此把两人访谈合并为一本书出版。“雨雷”的访谈依然分为三个部分，“在路上”的访谈没有按部分划分。

雨雷

第一部分

我的交易之路

不要再纠结到底基本面交易好还是技术面好，这是两个不同维度，不存在对立面，是长短互补的。每种交易模式都有阶段性的头部选手，且都有优劣，到底人工高频好，还是量化好，还是主观波段趋势好，因人而异。术业有专攻，找到一个符合自己性格的交易模式且纵向深挖精耕细作，一定会有收获！

一切以一劳永逸为出发点的策略，我认为都不长久，老天是公平的，世界也一直在变化，我们不能停止学习和自省的脚步，还是要勤奋，该总结的时候好好总结，该复盘的时候好好复盘。

你做交易有多少年了?

2006年至今，有15年了。

原来读书时候学的是金融类专业吗?

不是，我学的土木工程。

是怎么对交易感兴趣的?

并不是我主动感兴趣去做的，是误打误撞接触到的期货。当时家里面七大姑八大姨都在做股票，我就想着做个跟他们不一样的东西，然后混迹在各大QQ群，偶然机会接触到了期货，然后就一发不可收拾了。

你是一毕业就进入这行了，还是说之前有别的职业？

我2006年毕业的，毕业后就开始在设计院里面实习，大学毕业了以后在设计院里面干过半年时间。交易一直在做，就觉得很有意思。一开始是模拟，后来我爸给了我5000块钱开始实盘。后来就把工作辞了来上海，开始从事这个行业的工作。

来上海之后，因为没有收入，要先找工作，就想找一些跟本专业相关的，但是最终还是没找到。当时刚来上海住的群租房里面有一哥们儿，他搬进来第二天就找到工作了，我就很惊讶。原来是在一家金融类的公司做交易，我觉得跟我当时做的期货很像，也想过去，就过去面试了下，居然很容易就面试上了。但后来才发现过去是做销售的，拉客户，那个时候做的不是国内合法合规的商品期货，而是电子盘，我们当时也叫它野盘子，当时记得是做大连的稻米。那个时候一边拉客户，一边自己做交易，是这么一个经历。

一边做销售，一边用自有资金交易，那时候就开始做期货？

对，我自己用我爸给我的5000块的账户做期货。然后拉过来的客户，帮他做电子盘交易。那个时候着实没办法，找不到客户，正好当时女朋友的一个大学同学是做股票的，想尝试一下这个，然后就开了第一个户。

后来自己做交易一直亏，最后就亏完了。那家公司干了大概有半年时间就倒闭了，但是公司美其名曰说“战略转移到浙江台州”，让我们一块过去，那谁愿意过去？后来关系比较好的几个兄弟一起搞了一个工作室，所谓的工作室，说难听一点，就是租了个地方，在宜山路博库书城租了一个大概100平方的地方，然后几个兄弟一起开始做外汇。当时有一个部门经理，他觉得做外汇好，什么叫做外汇，还是拉客户，只是返佣高一点，佣金高一点，其实还是去做销售的工作。

这以后，我就一方面自己做期货，一方面还要去做外汇，就是帮别人做，其实那个时候是不合规的，因为国家对于外汇管制特别严，我们等于说是在国外的券商用别人名字开个户头，然后我们去帮他做交易，中间拿佣金，是这样的一种方式。

2008年金融危机，其实2007年的时候已经反映在外汇上了，波动非常剧烈，澳元、英镑这些交叉盘波动非常剧烈。有一天，我记得是2007年8月份一天晚上，我们有一个兄弟爆仓了，大概一两分钟还是几分钟，具体不太清楚，很快就爆仓了。那个时候大家都亏钱的，紧接着隔了一个礼拜之后，大家都散伙了。散伙了以后我就跟亏得最惨的哥们，在闸北又租了一个房子，他做他的，我做我的，就开始一门心思做期货了，其他都不做了。

那个时候做期货，他的钱比我多一点，因为他工作的时间比我长，那个时候他可能有十来万块钱，算是很有钱了，而我只有一万多块钱。其实现在回过头想想也蛮有趣的，那个时候还说，我们一定要讲好，如果今天挣钱了，我们就买一只烤鸡吃，那时真香。然后做到2007年年底的时候基本上已经没有钱了，很惨，我就已经非常恐慌了，必须要找工作了。

2007年年底我又找工作投简历，在2007年末就已经定好了公司，国元期货他们要我了，我很开心，觉得这是个大机构，所以就去那做客户经理。但是这个国元期货不是现在的国元期货，是原来的国元期货，它现在更名叫安粮期货了。等于说我这才正式地从原来那些野路子野公司进入到了正规的期货公司里面。做客户，其实也是做销售工作。

那段时间其实没钱做交易了，因为已经亏完了。然后到2008年的时候，那个时候其实不像现在手续费等各方面竞争比较激烈，那个时候还好。我记得那个时候做大豆，做豆粕，手续费都是10块钱一手的，你看现在多少钱对不对？所以到2008年末，我基本上就可以做到月薪有5万多了，在那个时候可以算比较高了，然后我又有钱做交易了，我肯定是又去赌了一下。那个时候在公司里面我业绩算是做得非常不错的，这期间我一边做交易一边做销售，到2009年的时候就跟着领导又换了一家公司，换到了华安期货。这个过程交易一直都没有放下，就一直在做，因为有钱嘛，要赌嘛。2009年到了华安期货等于说又是从零开始，因为客户真的能跟你走的其实不多。

从零开始，到2009年的时候，基本上能够做到月薪10万，已经很有钱了，虽然一直有“水”供应上来，但是还亏钱，一来二去其实都交了学费了，没挣到什么钱。这里面做得最好的一次是从大概2万多块钱做到了100多万，但后面又全吐掉了。其实我们可以看到2008年金融危机之后，国内的4万亿，国外的无限量化宽松，然后一波上涨，这一波上涨的时候资金就上来了，但后来都亏进去了。这个过程当中，我一边做着客户经理这么一个角色，一边自己做交易，到了2013年的时候，基本上已经能挣一些钱了。

到2017年的时候，在这个过程当中，在期货公司里面，你会有客户沉淀，你会觉得就不想做小钱了，就不做销售了，不做销售了以后领导也不会赶你走，因为你还是有客户。我那时就一直在一个房间里面做交易，一直做到2017年以后，我觉得自己很闭塞，觉得自己好像已经无敌了，好像应该没问题了。那个时候我就感到特别恐惧，因为你越是感觉无敌，越是迟早有一天要出问题。所以2017年的时候我就出来了，打算去找一些私募基金，在里面做下单员也好，干嘛也好，因为我完全不在乎收益了，毕竟手上是有点钱了，但是没有人要我。因为一些私募基金比较喜欢那些有现货背景的，有对冲经历的，有产业背景的，或者你学历真的非常高，他们可能也会去考虑，而我都没有，我是做盘面出身的。后来到朋友的一家私募基金，他给了我一个位置，其实自己在那边还是做交易，但是我想出来以后总会多认识一些朋友，对不对？我想从长久来看，一个人肯定是不行的，还是要抱团取暖，那团又不要我，我就只能自己建团了。

所以从2017年以后，我就自己开始建立团队，所谓的团队其实说白了，有些可能只是一张白纸，有些可能是慕名而来的粉丝，因为我有个新浪微博叫“期货雨雷”，一直在上面记录了七八年时间，每天写自己有什么头寸，做什么头寸，平了什么头寸，一直持续了好多年，也有很多人关注。2017年刚开始在微博上公布要组建团队以后，就有一个人过来了，后面就陆陆续续来人，那个地方坐不下了我才搞了这么一个地方。这些交易员都是陆陆续续过来跟随我，我先把我的这套理念灌输给他们，先带他们进这个门，然后让他们自己去发展。有句老话说，师傅领进门修行在个人，我带他们进来，然后靠他们自己。这边的交易员包括我在内有9个人，这些小伙伴们大多是炒手出身，都在这个市场里面挣到了钱，多则有个数千万，少则有个大几百万，都是在市场里面能够挣到钱的成熟的交易员。他们要转型嘛，就找我过来转型，但这边这些交易员到目前为止转型成功的都还没有，还处在转型的过程当中。

2017年组建自己团队的时候，交易理念有没有成形?

其实我觉得任何一个阶段都不能用“成形”这两个字去把它固化了，你一旦成形了，就好像已经是静态不动了，但事实上你会发现你每年都在进步，每年都觉得好像有一个盲点已经被拓展出来了。所以你说我现在有没有成形，我也很难讲，我觉得可能还没有，或者说永远都不会有，因为你认知的广度是没有办法去给它定下来的，我觉得最近几年进步也很大。2017年组建团队的时候，交易理念当时觉得是成形的，现在回过头看，有些认知还不是特别成熟。

能否谈谈你最难忘的一次交易经历?

老实说，难忘的生活经历倒是有，但难忘的交易经历好像没什么特别的。我这人比较乐观，或许在常人看来很糟糕的情况，到我这儿可能觉得都还好。又或许，我挖了很多坑，只是都没超过我的承受极限吧。然后特别优秀的战绩也没有，但每年盈利的很大一部分也确实只兑现在有限的几次机会上。至今，每年都还会犯些本质上一样的错误。总之，只要每年都有些自己能感知到的进步，就很好了。“失败乃成功之母”这句话，从某种角度上来说没有说完全，因为，不能有致命性失败，致命性失败是毁灭性的！

涉足交易15年时间，主要精力一直聚焦在期货市场?

对，但股指期货我几乎不做，主要是大宗商品。

为什么会选择商品期货这个市场，而不是股票、期权、股指或者外汇等其他市场？

我接触期货市场也是机缘巧合吧，有点先入为主的感觉，再加上我是个钻牛角尖的人，既然做了就没放弃过。股票、期权、外汇什么的都有参与过，但我感觉自己期货市场还没弄透，就不好再弄其他的，也是精力有限，所以就没有再深度介入了。

能不能跟我们谈谈，你这么多年交易之路上经历过的特别难熬的日子？

印象中比较深刻难熬的日子分为几个阶段吧。

一个是2007年，毕竟钱都亏完了还有些负债，出路到底在哪里也不知道，就一味地坚持，当时女朋友收入比较高接济了下。然后是2011年到2012年，亏了很多钱，彻底从高峰跌到低谷，当时亏了几百万，老婆的陪嫁都亏掉了，几乎没剩什么。再然后就是从2012年顺风顺水到2017年，这一年放了大的杠杆亏了些。经历了这些之后，我多了很多感悟。

2017年那段时间大家都不好做，所以总体来讲心态还是可以的?

当时不知道2017年不好做，是后来回顾的时候，发现原来当年很多优秀的交易员也都在2017年亏钱了。那年我也正好放大了杠杆，所以心态上面保持得不是很稳定，这也是亏损的原因之一。

从没有稳定盈利步入稳定盈利的阶段，你觉得在交易这件事上主要是做对了哪些事?

两件事情。

第一个，我养成了很好的交易习惯，我给自己建立数据库，从一开始就建立数据库了，有图有数据。2007年亏完了没有钱了，即便当时没钱，做模拟的时候我也是当成真的来做，认认真真地把一个Excel表格列下来，今天做了什么，犯了什么错误。所以我觉得那个时候养成了很好的习惯，收获特别大。

第二个是，我从那个时候开始看书了，我以前从来不读书的。我这个人属于一旦发现问题就一定要高效地去解决它的，无论是经营婚姻也好，还是公司也好，人际关系也好，还是工作也好，一旦发现问题，一定要找到解决问题的方法，当我找不到的时候，很苦恼，而且有时候你还不能问别人。举个例子，比如说婚姻里跟老婆吵架了，这东西你说能问别人吗？问不了别人对吧？人家说家丑不可外扬。怎么办？去书店看书，然后我就读一些哲学方面的书，当中也会讲到一些婚姻上的东西，其中有上海本地的哲学家周国平[1]写的，他结了好几次婚，可能也有人生阅历。看完书后我就释怀了，问题解决了，发现这个问题都在我自己身上。交易也是，为什么会这样？为什么会亏钱？注意力在什么地方？是不是路走错了？那就读书去吧。到现在为止我应该读了七八十本这方面的书籍，包括交易理念类的、技术类的，国内国外的都有，然后突然有一天脑子里有一个声音，“叮”的一声，就感觉我好像成了。

所以我觉得这两件事情对我的影响特别大，一个是我真的把这当事了，我真的很认真地对待了，第二个是我开始读书了，主要是这两件事情。

① 周国平，1945 年生于上海，哲学博士，中国当代著名学者、作家、哲学研究者，是中国研究哲学家尼采的著名学者之一。他的三段婚姻曾经引发过各种各样的猜测，经历了两度离婚，甚至是失去女儿的大悲大痛后，平静下来的周国平曾出版过《周国平谈婚姻》《岁月与性情》等书，对婚姻做了哲学式的思考。

你刚才说看过这么多交易方面的书，有没有觉得特别不错的给大家推荐几本。

杰西·利弗莫尔的那本书那时基本上是每年都会看，但是现在基本上不看了，现在看一些别的东西。那个时候基本上每年都会看两遍，很有感触。那个时候为了解决问题，买的全都是期货类的交易方面的书籍，但最近这两年看的东西比较杂，交易方面的书反而看得少，偶尔会回去看一看。

现在主要是看哲学历史类的，主要是对这两类比较感兴趣。历史这个东西就是问为什么，你从哪来的，到底发生了一些什么样的事情。你一旦有了这个习惯以后，你会对很多东西很好奇，就有了好奇心了，以前没有的，过日子浑浑噩噩，后面就会觉得到这个世上来，你要活得稍微明白一点。当然有时候需要糊涂，但有时候特别想弄明白的时候，你就要去稍微研究一下。我有一段时间喜欢看手相，买来手相的书看看；喜欢喝啤酒，买一些酒的书看看；喜欢神经类的生物类的也去看看，还有社会学，就比较杂。这就是了解。后来突然发现自己好像不会读书，因为以前不读书，从来不读书，自从读书了以后发现自己又不会读书，找不到方法，就像找学习方法一样，然后我还买了一本书《如何学习阅读》。就慢慢地这个过程对我影响非常大，对我的交易影响也非常大。

总结下，我有这么几本书推荐，仅供大家参考。第一本，刚才说的《如何学习阅读》，至少要知道如何高效地阅读；第二本，从“术”的角度先要了解至今存在很久的盘面基础的东西，可参见约翰·墨菲的《期货市场技术分析》；第三本，国外投机大师的经历——《股票作手回忆录》；第四本，谈哲学的《孙子兵法》《道德经》。反复读，但不能读死书，要勤思考，更要勤实践！

金融市场是一个充满诱惑的市场，谈谈你是如何面对这些诱惑的。

我也是普通人，一开始也是经不住诱惑的，一心一意为了挣大钱，盲目，横冲直撞，这是种被欲望牵着鼻子走的现象，头脑已经停止思考了。这种情况是很难赚到钱的，所以只有不断重复的痛苦。后来，亏痛了，亏怕了，才会思考，哦，原来是被诱惑了！有了经历有了实践，感受才深刻，然后面对诱惑的时候，越来越会冷静地看待。人一冷静就变得睿智和从容，更会专注于事情本身，一旦专注到事情本身的时候，越容易成事。所以这个过程也算是凤凰涅槃的过程吧？

交易中的压力你是怎么处理的？

在交易上我感觉到压力的情况不多，通常如果压力大的时候，就比较疲倦，特别想睡觉，睡一觉后基本就好了。

交易中爆仓过吗？爆仓后你怎么做的？

感觉咱们不能绝对地用爆仓来衡量某种东西。应该说是一种极限落差吧。如果我有100万现金，我账户里就放10万，或者更少，那我账户爆仓，对我影响不大的。但如果我就1万现金，我全给亏完了，那就真的爆了。如果你问的是每次账户出现极限落差后我怎么做，那我就能回答了：停下来，找原因，读书，思考。

你认为一般投资大众有哪些常见的错误观念或行为？

第一，不要再纠结到底基本面交易好还是技术面好，这是两个不同维度，不存在对立面，是长短互补的。

第二，每种交易模式都有阶段性的头部选手，且都有优劣，到底人工高频好，还是量化好，还是主观波段趋势好，因人而异。总之，术业有专攻，找到一个符合自己性格的交易模式且纵向挖深精耕细作，一定会有收获！话又说回来，又出现另外一个问题，咱真的对自己了解么？如果连自己都不了解，就谈不上寻找一个适合自己的模式了，只能先走走看了。认清自己的前提，是接受自己在年轻的时候走过的弯路，对自己来说，也是意义非凡的，不要低估。

第三，传统意义上，不要重仓、不要逆势等等字眼，要重新评估，类似的语句要放在特定的定语之后才有意义，不能泛泛地理解。说明独立思考对一个交易员来说有多么重要。

第四，一切以一劳永逸为出发点的策略我认为都不长久，老天是公平的，世界也一直在变化，我们不能停止学习和自省的脚步，还是要勤奋，该总结的时候好好总结，该复盘的时候好好复盘。

你怎么看待未来5~10年国内期货市场的机会?

这个问题5年前甚至更久也有人问。我想从比较落地的角度谈谈看法。要问未来5到10年国内期货市场的机会，那先回过头看看过去5到10年都发生了什么。

现在是2021年，过去10年也就是2011年至今的十年发生了什么。2011年这个时间点比较特殊，因为再往前看个3年是2008年。2008年由美国次贷危机引起的全球性金融危机带动商品出现一轮下跌，然后到2009年开始上涨一直到2011年，这里是两年时间，中间2010年在前期上涨一年之后出现了半年不到的时间跨度的修整。然后从2011年开始下跌一直跌到2015年末，然后从2016年开始上涨和横盘，直到最近2020年初出现疫情后的一轮下跌，然后2020年也就是去年三四月份开始上涨到2021年的三月初。

大概是这个过程。这里有几个规律。

第一，每次出现遍布全球的灾难性的事件的时候，就是机会出现的时候，因为目前为止央行也没有别的更好的方案来应对，只有保经济放货币，所以速度极快、空间极大的下杀除了恐惧之外更多的是机会。以后再有发生，就要制定多头策略。

第二，从过去10年的数据来看，大宗商品往往是跌得快（可能几个月就结束了）而牛市上涨能维持的时间长一些，但统计下来也差不多只有1年时间，然后开始整理或者转向。所以当行情上涨了一年之后，就要有这个主动离场意识。

第三，宏观、产业和盘面情绪资金轮动的时候做多是比较安全的时候。

一定还有很多规律没有被发现，这里也就不一一谈了。总之，在未来5到10年里面。我们恐怕也很难预测什么时候会有危机出现，但我们知道一旦危机出现的时候，怎么跌的，都会怎么涨回来，甚至更甚。

你在投资中目前还会经常遇到的困惑是什么?

好像没啥特别的困惑。就是保持学习心态，发现问题，高效地解决问题，然后实践，总结，如此往复。

如果有和其他投资者交流的机会，你希望了解什么类型的投资者?

不挑食，都可以，多看看别人是怎么想的，怎么做的，对自己是有借鉴意义的。

第二部分

交易系统

做计划越详细越好。所谓的越详细越好，不仅仅指很微观的层面，更多的是宏观的层面，什么意思呢？我为了完成接下来的一笔交易，前期做了很多的积累，比如说这段时间大概宏观环境是如何的？这段时间板块有没有联动？哪个板块是最强的？板块里面到底哪个是最强的？心中都要有数。

大宗商品在宏观起作用的时候，往往出现各板块以及板块内品种同涨同跌的现象。比如此时是同涨的，通过对某品种前期研究的积累，发现它是某板块里产业上最好的品种，同时盘面上也确实表现得最强，这或许就得到了验证。再加上这品种在盘面上有博弈结构，还有升贴水支持等等，对种种因素的考量权衡，其目的就是逐步把自己置身胜算更大的一边。这种我会尽量在能力范围内布足仓位去“开枪”，需要毕其功于一役的信心和勇气。

你认为，什么样算是一个交易系统?

感觉一提到系统这两个字，就觉得是个很庞大的东西，不仅仅是具体套路上，还要有一套自己的认知，可以说交易系统是一个人三观的综合体现。具体套路包括选择品种、方向、时机、仓位、止损、止盈，每次机会都要对这些环节深入思考权衡利弊。还有支撑你做出每个步骤的模型，也需要个系统化的复盘，也是一个学习方式总结归纳能力的体现。还有认知，我认为是高一个维度的东西，比如说感知到的宏观环境和产业环境，可能不太能量化，但是要能感知到市场外围情况的变化。也就是说，一套系统，是多个维度战略和战术上的集中体现。

该如何选择交易品种？交易一个品种好，还是几个品种好？

因为我是抓热点的右侧交易。所以只能站在我的交易模式上谈谈。从多个维度上遵从一个原则，选择强势板块中的强势品种来做，比如说板块轮动上涨的时候则选择最强板块里的最强品种来做。至于是一个还是多个，我觉得要看具体机会，但同板块里面我只选择一两个来参与，否则无形之中等于扩大了仓位，因为同板块经常性会有同涨同跌的。

从目前这个阶段来看，在交易中，你主要赚的是哪一类钱？

应该算情绪的钱。我不知道这样总结对还是不对，这个问题其实有不少人问的，我赚的是哪一部分钱，我每次都说我可能挣的是这个叫情绪的钱，但是我感觉又不是，很难去总结。

我以前是盘面交易，但现在又不是一个纯粹的盘面交易。我一开始的时候就是看盘面结构的，看盘面结构做交易，等于说是一个右侧交易做突破的，到现在为止我都是一个做突破的选手，右侧交易员。但是我现在又在原来以右侧为主的整个策略体系里面，加了一些左侧的策略进去，也就是说我的入场时机其实已经不完完全全是作为一个右侧突破的选手了，也要往左边靠一靠。

这源于什么？源于我已经加入一些产业和宏观的元素在里面了。原来纯粹做右侧突破的话，我肯定看动量，在行情波动的时候，一个结构跨越过去的时候，第一时间跑进去，如果不对马上走。

现在我赚的算是一个情绪推动、资金推动的钱。因为市场就像经济规律一样，从衰减到复苏，到发展，繁荣，然后又要到衰退，是这样子的一个规律，那么你就是尽量能够在繁荣开始的时候进去，也就是说在市场人气刚刚起来的时候进去，但那挣的是不是情绪的钱呢？我也不知道怎么去定义这个东西。

你这个周期应该是比较长的？

周期的话要看它动态走势。比如说我持有了以后，如果马上发现错了，我马上就走掉了，可能当天就走掉了。那可能人家会觉得，你怎么做的是短线？其实就是错了嘛，要认错。如果说盈利的话，要看它是不是能够有一定的盈亏比给我，因为我冲进去做，不是说做输一赢一的事情，这个事我是不干的，最起码冲进去输一赢三我才愿意干。

然后结构的话，我在做交易之前会有一个大致的目标价格，到了以后，我想要的给我了，我就拿到揣在口袋里面，剩余的我可以被动地按照趋势去走。所以周期短的话，我可能三五个交易日就走掉了，长的话呢，最多拿了4个月的时间也有，是根据具体的行情去走的。

你的目标价格，会根据基本面或者产业方面来进行估量或判断吗？

基本面层面，如果说我特别看好它，同时比如说它博弈的时间比较长的话，那我对它的预期是比较高的，那个时候我对它的目标会设得比较远一点，这样的话我会愿意承受更大的波动来去博取更高的收益。

所以我的目标取决于我一开始对它的一个整体的综合的判断，而不仅仅局限于它盘面上的结构。如果说我对它基本面不是很了解，或者说我没有这方面的资讯，我就跟着盘面来了。盘面结构我大概测算多少，目标我就大概设置多少，也就是说在这套体系里面还是分为主动和被动两块止盈的。

你刚才说自己主要赚的是情绪的钱，比如说是一种突破和右侧，这时候可能会有一个短期的加速。除了这方面的情绪，还会通过别的方面来判断市场的情绪吗?

会的，比如说你刚才讲的，除了右侧的做突破的这么一种交易策略，我还会有一些低位进场的策略，比如说它行情突然出现了异动，我就倒推它为什么会出现异动，出现异动之后的节奏上大概会延展出什么样的情况，你就发挥自己的想象力。当然它们也是有一定的模型的，按我统计下来是规律，出现这种情况的时候，我觉得可能是市场出现了一定的人气，我会尝试性地先去做，这个也叫发现市场情绪。

价格异动分为好多种类，涨停是异动，巨大的阳线、巨大的阴线也是异动，长的上影线、长的下影线都是异动。只要出现特别异常的这种情况，我都会把它对应的逻辑给理出来。

比如说最近的动力煤，很奇怪，像到现在（2021年）4月14日这个时间点，照常来讲的话，百分之八九十的品种，它的换月都已经快接近尾声了，已经快结束了，5月份没有量的。唯独动力煤，最近四五个交易日之前还出现一个跌停板，但是没有封住。连续跌了两天之后，这个过程你会发现它是慢慢减仓的，减仓的过程当中很好理解，那就换月了，对不对？但是奇怪得很，这两天连续两天大涨，调头得非常快，这过程当中又伴随着它增仓了2万手，这个量还是蛮大的，这就是异动了。

那你反推它为什么会出现这种情况。奇怪得很，大家都在换月，你不想换月，那这帮价格上去冲进去做多的人的逻辑是什么情况？然后你就会想，想了以后就通过一些东西去对应解读。

首先，近月出现异动，肯定是现货上面出现了一些问题，具体什么问题不知道，那你就去查一下，发现最近贵州出现问题了，新疆那边矿里面也出现问题了，内蒙古那边都在查。因为现在国家对于安全这块特别地重视，一旦出现问题以后就会叫停，停止了不开工了以后生产量就下来了，所以就有这样一个逻辑对应上去，靠不靠谱我也不知道，但是至少现在只能这么去看。这是第一种情况，可能现货上面出现了一些问题，导致它出现现在的状况，能不能延展不知道。

第二种情况，大家可能也会考虑到这个情况，导致去买紧俏的新货，买5月份去抛9月，合理吗？也合理，因为确确实实9月比5月要弱一些。

我举的例子是想说，通过这些盘面上的数据、价格波动的异动，包括成交量、持仓量、价格波动、K线的大小等等这些异常的情况，可以去推导它到底发生了什么事情，未来可能会发生什么样的事情，市场是怎么去看待它的。

我主要是通过这几个层面去发现情绪，这也叫情绪，因为资金上去了。认知世界可能是通过一些事件性的东西传导给神经，然后我们产生自我认知，但是自认为不重要，要市场认可你你才会有价值，对不对？所以我是通过这种方式去给自己制定策略。当然我昨天去做多了以后现在暂时是亏钱的。

通过技术上的情绪异动来推它背后的逻辑，这样的进场应该会稍微有一定的滞后性，对吧?

有一定滞后，但是这样的话胜算可能会高一些。

有人认为，只有突破进场，才是真正的趋势追踪交易，你怎么看？

我不知道趋势追踪是怎么定义的，但整个市场模式有很多种，每个模式都有头部选手，咱们自己做好自己的一摊事儿就行，多反省，多总结，多实践，实践是检验真理的唯一标准。

请谈谈如何应对真正突破开始前的假突破？

拥抱假突破，哪儿有那么多真的？一方面要多总结经验，另一方面要懂得接受它，就怕屡屡碰到会懊恼，这就不行了。

请谈谈你的止损方式。止损之后，发现自己错了怎么办？

人在电脑面前几乎都是手动止损，不在电脑前就条件单。止损如果错了短期逆转了，我能再做回来。同一次机会里面，我允许自己砍三次。也就是说如果一开始预亏1%，那么后面两次我还是会按1%的预亏来做；如果一开始预亏3%的话，我后面会缩小仓位，阶段性避免连续错导致的大幅度亏损。

在交易链条中，你是如何进行资金管理的？

我们对不同的机会都有评价分，自身有一套评价体系，这套评价体系中有多个维度和要素的评分，有客观的也有经验性的。总之，如果通过自身评价发现一个机会特别好，那我愿意支付本金的3%作为这次交易的预亏；如果评价中性，那通常会支付本金的1%作为这次交易的预亏。入场之后，入场价格知道了，止损当然也已经设定好，那么就知道单手的亏损，然后用自己事先计划的预亏额度除以单手的亏损，就知道我要做多少手了，所以实际上应该说我没有仓位概念。如果我仓位越大，说明这机会很好，或者我入场点很不错，盈亏比很好。

我们来谈谈交易中的低谷期。按照我们的一位作者陈侃迪[①]的说法，交易中的低谷期是个人的交易系统和市场环境之间出现了某种不匹配。你能不能跟我们谈谈低谷期这种现象，对处在低谷期的交易员有没有哪些好的建议？

其实一开始我完全不知道自己到底什么时候处于低谷期，直到发现自己连做连错的时候，就会觉得这好像是有点问题，然后就会反省，调整。比如说3月份的时候一共做了17笔交易，我只对了3笔，其他全部都

① 陈侃迪，知乎作者，期货交易者，著有《交易的逻辑与艺术》《交易员的自我修养：中国顶级交易员访谈实录（陈侃迪）》。

是错的，这就有问题，要调整，要冷静下来思考，然后做出调整。年轻的时候会容易冲动，有血性，往死里搞，而年纪稍微上去了一点以后，激素分泌也不像以前那么旺盛，有时候会疲倦会累，那时坐在一个地方显然就会想事情，或者读点东西思考，让自己把动作放慢下来。

我也没有什么特别好的方式，就是静下来想一想，想想现在过的日子，想想未来要面对的事情，算是一种自我调节，因为现在做什么都是错的，这时你就要有个大局观，不能着眼于特别微观的事情，执着于每一笔交易我觉得没有什么意义。

怎么样才能确定自己是不是在低谷期呢？当你发现这件事情特别不顺，做什么都是错的，那个时候可能就是到了低谷期了，你需要反省一下之前做的交易到底出现了什么问题。如果说反省下来以后感觉自己好像没有什么太大的问题，仅仅只是做的就是错的，那可能真的是跟市场不太匹配，那格局就要大一点，先反复分析一下目前处于什么样的状态，就等于说把自己摘出来，从这个局中先摘出来看一看。

进场前会有详细的计划吗？能否跟大家谈谈该如何“计划你的交易，交易你的计划”？

有，而且特别详细。

每次交易之前都要做好尽量详尽的预案，这个机会好不好？什么方向？做多少？止损点在哪里？目标在哪里？如果出现A怎么做，出现B怎么应对？等等。这就是“计划你的交易”，当然行情会有突发情况，不可能事无巨细把很多情况都想到，这时候的的确确是需要临场发挥能力和执行力的。

“交易你的计划”，主要还是执行力问题，这个问题在多年交易经验积累之后反而变得不是特别难。

如果说你根据市场的情况，自己推导出一个背后的逻辑，决定进场了，是一定要有一个完整的计划再进场，还是说盘中偶尔出现自己熟悉的机会也会进场？

都有。因为做交易我觉得还真有一些艺术的东西在里面，要发挥一些灵感，敏锐度也要特别高。因为这个世界一直在变化，不是所有事情都是在你意料之中的，有一些突发的情况，这个时候就考验一个交易员临场发挥的能力，如果你发挥得好的话这个是加分的。所以你说的这两者都有。

第一个，提高自己盘中的敏锐度，市场会异动你是完全没有办法预料到的。第二个就是盘面做计划，做得越详细越好。所谓的越详细越好，不是指很微观的层面，而是宏观的层面，什么意思呢？比如说这个阶段，我当然是全盘关注的，我为了完成接下来的这一笔交易，前期做了很多的积累，比如说这段时间大概宏观环境是如何的？这段时间板块有没有联动？哪个板块是最强的？板块里面到底哪个是最强的？心中都要有数。我觉得这个层面不是一个具体的机会的层面，就是你在做这笔交易之前，心里面要有数。

比如我今天跟同事开会说，在这周之前，整个大宗商品板块分化特别明显，这周出现了一些缓和，百分之七十的品种都出现了回暖，这时心里面要有数，回来了以后有没有这种可能性，宏观的驱动又来了呢？因为往往你会发现大宗商品的同涨同跌有很多宏观的驱动在里面。如果说宏观的驱动，再加上某一个品种产业上极好的情况下，这就共振了，你的胜算就更大了。再加上又有结构，可能又有人气，这胜算就更大了。在这样的情况下，我会布足仓位去开一枪，毕其功于一役。

所以在打这场仗之前，需要做很多工作，即《孙子兵法》里面“胜于庙堂之上”的意思，要做很多工作，而不仅仅看结构有没有，开盘怎么开盘，这是很微观的。你会发现这个“术”非常简单，你到最后做交易以后，发现“术”这些东西在整个交易体系里面其实算是最简单的，是最容易去灌输的，所以新人他们到这边基本上三四个月就要把整套体系弄好。但是真正能够把自己的格局提高到有大局观的这个层面上，是需要阅历和时间的。

你平时交易中坚持复盘吗?

对，我们现在每天开会复盘，每年都会总结，每年都会把最近5年的数据进行复盘。

能否详细跟大家谈谈该如何对交易进行复盘?

要善于发现市场的变化就要阶段性做复盘工作，但盘面上太远的数据也就很少看了，一般只看最近5年的日K线数据，然后一根根往后推演，到了关键位置的时候就不要往后看了，这时自己脑海中预演一下接下来的可能性，同时做好对应策略，然后再往后看，看是否自己制定的策略能对得上，我们每年要做两次这样的工作。也要搭配好必要的复盘软件。在复盘的过程中，要建立自己的图库，每年的复盘工作会积累很多张图，在图上也要标注好自己的总结，这样以后看到类似的图，对应的演绎以及对应的策略马上就有了。

你现在自己也培养交易员，你心中理想的交易员应该是什么样子?

要有一定的想象力，要有魄力。因为你做交易，本身做的又是期货，有杠杆。

比如说我们这边目前最好的交易员，去年翻了9倍。他本来就是一个炒手，已经转型转波段趋势转了蛮长时间了，但是一直都没有成功。他过来以后我把整套体系灌输给他，他有的交易甚至比我做得还好。因为他做炒手的这种敏感度我是没有的，他比我敏感多了，然后很有魄力，下手重，想得多，计划周全，给我感觉是挺好的，格局也有，但可能还稍微差那么一点意思，能当大将还不能当帅。最好的交易员肯定是帅这种级别的，就是你敢冲敢撞，但又有格局那种。我觉得这样的人还是比较少，我也没做到。

这些理想中的优秀品质，你觉得主要是天生的因素比较多，还是后天磨炼的因素比较多?

交易中，需要很多优秀素质一起发挥作用才行，不是只凭一个素质就能完胜。在这些优质的素质中，有些可能是娘胎里带出来的，天生优于其他人，有些是自己特有的经历磨炼出来的。总的来讲，在交易中取得胜利，是一个人综合素质的体现。至于天生的因素比较多还是后天磨炼的多，我可能回答不上来。

你认为什么是交易中最重要的事?

没有最重要的，都重要，缺一环都不可以。风控不好肯定不行，执行力不好也不行，没有魄力也挣不到钱，反正都重要。想成为一个优秀的交易员缺一不可，不是那么简单的。

能不能给刚刚涉足交易的一些新手几条建议?

很多人说，见到新手进来以后就赶紧叫他不要做，这东西有危险。我是觉得如果说你真的选择这行，就要义无反顾地投入进去，我是这么想的，大多时候我感觉我自己只是运气好，不管摸到了方法也好还是走到今天也好，很多人可能走了很多年，最后都没有走下去，然后就很惨，我身边有不少老同事都不是很好。

但是我想说，如果说一些新人想进入到这个行业——我说的行业是指进入到交易这个行当，做客户经理拉客户倒是无所谓的——你做交易不是不可以，可以的，但是你心里面要想清楚，如果真的要去做，你就要义无反顾把它当成一件事情做，养成良好的习惯。

我刚才也说了，有两件事情我很受益，一个是自己养成良好的交易习惯，另外一方面是读书。所以如果一个新人交易员想去从事这个行业的话，我觉得最起码这两点要做好，你会受益匪浅。我一直觉得交易入门可能至少要5年，因为我差不多是5年左右才好像有点能挣钱了，而这5年当中也有很长一段时间在摸索，一开始的时候就是无头苍蝇一样的。而如果一开始就很重视，一开始就养成了很好的习惯，是能缩短学习时间的。

所以我对他们的建议就是，把它当成一个事情来做，给自己规划的期限不要太短，至少要做好三年的准备。

如果是在这个市场中已经有些年头了，但是依然在稳定亏损，这样的交易者你会给他们什么样的建议？

找人带，这是非常高效的。当然，那些像江湖郎中一样的肯定是不行的。但市场里面确实有一些愿意分享的人，比如说我，我蛮愿意分享的，外面其实有很多人都愿意分享，你去听好了，期货公司也会有组织的，他们也有经费。要多出去走一走，多听一听，没有坏处的。这点我觉得是蛮高效的。

一开始前面5年当中是没有人带我的，但是我有半个师傅，我一直会问他，其实我问他之前自己心里已经有答案了，问了他之后给我的答案跟我的差不多。问了大几十个，问了上百个问题，我后来发现他对我其实有很大帮助。有师傅总归是比没有师傅好，而且这些师傅都是在这个市场里面已经有千万上亿身家的，甚至更多，他们这些不是靠运气，他们能够把江山打下来，而且能长期守住，真的很不容易，我现在越来越发现守城是真的很难。所以我的建议就是，如果在这个行业里面想要进步得快一点，找人带，找师傅，找高手，多聊多问。

关于建立交易系统，能不能再给交易者补充一些建议？

我们做每一件事情它都是有步骤的，对不对？交易其实也有步骤，因为我一开始的时候就是纯盘面的交易员，没有所谓的产业上的资讯，也没有宏观，我纯粹就是一个盘面交易员。盘面交易员关注的点就很少了，就是盘面结构这些东西。

建立交易系统，首先第一个，基本功要扎实，就是你可以多了解一些这些工具是怎么使用的，你未必用它，但你武器库里要有这些东西，因为没有这些东西你根本就连贯不起来，所谓融会贯通，你得先去了解。所以基本功要特别扎实，这是第一个。

第二个，你要了解步骤，你判断往上往下，在什么时间点介入，什么样的特征情况下去介入，介入多少，止损是多少，你大概看到多少等等，就等于说像打仗一样，不能说人家2万我5万那就干吧，不是这样的，它是分步骤的，你交易要开平，你是怎么开的，为什么这样走，那么把每个步骤单独列下来之后，我为什么这样，为什么那样，你要把自己说服。你自认为已经尽善尽美了，然后把它组合起来，那就是一个体系了。可能在组合的过程当中它有冲突有矛盾，这要慢慢地磨合。不能盲目，脑子一片空白就跑去做。每一分输掉的钱，要输得理直气壮！否则，就会失去意义。

我一开始做的时候也没有体系，一看这个地方做多可能还行，直接就做了，完全不考虑什么风控、止盈还有仓位调整，都没有的。后来怎么会有的，就是在过程当中慢慢自己磨合。对于现在新的交易员进入到交易这个行当，你先要做一些能说服自己的行为，为什么这么判断，你的依据是什么，哪个点位去做，为什么这个点位去做，大概哪个价位止损，为什么止损是在这个地方，每一个环节多问问自己，然后把它拼凑起来。

第三部分

交易与生活

交易这件事情本身对于一个人的磨炼是非常高效的。你要做得好，马上就给你奖励，你要做得差，马上就给你“一棍子”，所以它是特别能够纠正一个人三观的事情，至少对我影响蛮大。

人的精力是有限的。有的人精力旺盛或许可以同时干几件事，但基本上身边的朋友，到头来几乎都变成全职交易的了，因为最自由而且不求人。

交易这么多年，对于交易这件事你最深的感受是什么？

交易这个事情对一个人改变蛮大的。我相信对于很多交易员来讲，他们可能都会有同样的感触。交易本身这件事情对于一个人的磨炼是非常高效的，特别高效。你要做得好，马上就给你奖励，你要做得差，马上就给你“一棍子”，所以它是特别能够纠正一个人三观的事情，反正至少对我影响蛮大。

你平时有多长时间投入到交易上？

我早上的话基本上8:00到办公室，做一个小时的准备工作，然后下午3:00收盘，收盘以后3:20开会，一般开到4:00左右，晚的话开到5:30，因为我们一周有两天时间是复盘的，这个时间就要到5:30。然后晚上8:30，我肯定是在电脑前了，但是不在公司，在家里，然后到11点。有时候阶段性盘面没有结构，市场波动放低的时候，晚上我也就不看了。

晚上会在国内收盘之后关注外盘吗?

我外盘很少看，第二天早上开市前看一眼知道个大概就行。我觉得这个市场是非常高效的，以前没有互联网的时候，可能有时间差，消息闭塞，但现在有了互联网，所有的消息，盘面的波动、情绪，这种传导太高效了，不用去看外盘，一看国内高开就知道国外肯定有问题，当然除了一些没有外盘的可能会出现一些问题，你心里面要有数对吧？我光看到它也没有用。

我觉得还有一点，看很多东西有时候你会被带进去，所以不要加这么多因素，简单一点，这里面完全可以通过逻辑来推导，我可以通过盘面去推导产业，推导宏观，我都能推导，也可以推导外盘。我就看一个东西好了，然后就特别专注地关注它，感受它。

周末还会想交易的事情吗?

礼拜天下午雷打不动肯定要去想交易的事，为下周的开始做好准备。我会安静下来，复个盘，看看外围资讯，看看书。

感觉你现在能够很好地平衡交易与生活，是这么多年一直做得很好，还是中间有一个过程?

是中间有个过程。以前没有深度思考，或者说经历不够，我经常会因为生活上的事影响交易，或把交易上的情绪带到生活中。随着在交易中屡屡碰到问题之后，我才渐渐开始思考这个问题。

交易是件特别严肃的事，如果本身不够重视，就会体现在你的账户上，给你一记重拳。所以现在谈到交易相关的事，我一般都比较严肃，工作比较细致。如果交易不顺了，就出去和朋友吃吃饭喝喝酒，或者好好睡一觉，看看书，基本情绪都在这些事情上化解了。好在我性格还算可以，这种情绪一般也比较少。

交易中你通过什么方式来放松自己？你觉得有哪些特别适合交易者的生活习惯？

长期以来我一直没觉得交易上有特别特别大的压力，哪怕亏损的时候，我也很少因为交易睡不好觉，可能跟性格有关系吧，通常我感觉累的时候睡一觉就好了。放松的话我会经常找小伙伴玩，跟小伙伴打打篮球打打牌。

适合交易者的生活习惯的话，无非就是保证良好的精神状态对第二天的工作比较重要，睡要睡好，如果睡眠不够第二天昏昏沉沉的肯定不行。然后就是尽量不要过量饮酒，过量饮酒也会导致第二天体能跟不上。我们这个工种经常盯着电脑对腰椎不好，最好经常去运动，然后白天少吃点，否则特别容易肥胖。

你觉得全职还是兼职更适合从事交易这一职业?

人的精力是有限的。有的人精力旺盛或许可以同时干几件事，但基本上身边的朋友，到头来几乎都变成全职的了，因为最自由而且不求人。

你从交易中赚来的钱，会拿出来进行其他投资吗，还是留在交易账户里重新投入交易?

会拿出一部分给我认为的优秀的交易员做。

如果将来你的孩子想进入这行全职做交易，你会赞同吗？

从来没想过，因为我家是女儿，但如果她要做的话，可以，没什么不可以，我并不排斥。我没有觉得说不让她做，这个我不强迫。她要想做的话，我肯定极力帮她，帮她把理念性的东西梳理一下，但她现在还小，才三年级。

刚才你谈到自己除了交易之外，各种业余爱好也比较多，你觉得这些会对交易有一种调节作用吗？

会有。我举个例子，前几年我一直在喝精酿啤酒，然后写酒评，就写自己口感什么的。但是这个东西跟交易完全不搭边，就是一个生活上的调剂。那现在没有行情的时候，我就在看电视剧，看得心中的历史的焰火又开始燃起来了，然后就去看一些相关的书，看看人家日子是怎么过的，古人是怎么活的。还有哲学上的书能把一些东西讲透，就是对自己会有一个舒缓，这个对交易我觉得可能是有帮助的。所以阶段性的吧，这段时间我也没折腾啥事，没什么行情就读读书，出去走走。

大家都有困惑的时候，为了解决一些问题就会去读类似于这方面的书籍，确确实实有时候能解决一些问题。

在路上

这个行业里面有太多打法，太多赚钱的方法，非常丰富，其实就像生物界一样，有很多种谋生的方式。

就像草原上你是一只小兔子，你知道狼要吃你，老虎要吃你，狮子要吃你，哪些吃你的你都要知道，但是白天出去吃草还是晚上出去吃草，是你自己能把握的，你非要往狼多的地方跑干嘛呢，对吧？很简单，每一个生物都有它的生存之道，前提是你知道自己是什么，你知道自己是老虎，那就做老虎的事情，你知道自己是小兔子，那就做小兔子的事情，要明确自己在市场上的位置。

现在做交易做了多少年了？

将近20年了。

方便问下您今年大概年龄是？

我今年43岁，我是1977年出生的。

20岁出头就已经开始做交易了，当时是刚毕业就进入交易这行吗？

我大学学的是金融类的，但不是纯粹的交易，而是和贸易有关，刚开始交易属于玩票性质。2013年左右因为家族企业涉及套保业务，开始专职交易。

也就是说最初是因为家族生意的关系开始接触交易这行，做交易之前还有做过别的职业吗?

有。我是学经济贸易的，做过体育产业开发，做过展会，因为天性爱玩，那个时候还涉及过一些地产，每个行业我都去玩一玩，但是时间很短，大概也就两三年。

一方面是因为一直没有找到非常喜欢的行业，另一方面可能和年轻时候的个性有关，也有一种仗剑闯天涯的豪情在，仗着年轻，所以敢于试错。

回头再看，那些经历也是我交易生涯当中一个很重要的积累，让我习惯从产业的角度去发掘一些机会。我认为生意背后是有规则的，熟悉这些规律对交易有帮助，这就是我认为的基本面。

你刚毕业做的可以说和交易完全没有关系，后来因为家族的原因转移到这块，个人有兴趣吗？

有兴趣，年轻时精力旺盛，对什么都感兴趣。

应该说在此之前已经开始个人做交易了？

对，不过纯粹是个人玩票性质的。读大学的时候正碰上美元和日元的汇率的大波动，所以结合自己的一些专业知识，拿了打工的钱去小试了一把。然后还碰到了股票的几波牛市，又跟风玩了阵股票。

那时候应该是20世纪90年代末，国内市场还是很不成熟的？

对，但是波动很大，机会很大。现在回顾一下，其实那个时候期货市场上机会更大，我们国家期货市场一些有名的逼空行情都是发生在那个年代。当时我没有去参与，因为和很多老百姓的传统观念是一样的，觉得期货市场风险太大，输到跳楼的基本上都是做投机、做期货的。那个时候我对期货的理解还不是很深，所以还不大敢去做。但事实上，无论哪个市场，风险都来自于人的认知和所承担的风险不匹配。

能不能简单跟我们谈谈这20年主要的交易历程？

第一阶段，刚才说了，纯粹是玩票，就是一个小散户。但是因为一些性格上的原因，在开始的时候还算比较顺的。

我印象很深的是，开始的时候做股票，我就感觉那个时候马路上车很少——我们家是属于相对比较富有的家庭，家族也有一些生意在，那个时候我们就已经有车了。然后再结合我自己对国外的一些了解，和一些趋势上的判断，觉得中国的总体经济向好，用现在专业的话说就是赌国运。我觉得汽车市场一定是会起来的，所以我进入市场买的第一只股票就是上海汽车。买了以后我记得很清楚，就7块多，然后持有了一年不到翻倍。那个时候就3万块钱，其中还有一部分来自于同学的集资，我负责操盘，一把全进去了，没有任何犹豫，买完之后就趴在那不动，任何波动都不去看。等翻倍了，我的同学跟我说翻倍了，他们说，差不多了，他们要走，我说还早着。理由很简单，路上的汽车还没现在这么多，我就觉得还没涨到头，然后一路拿。这个股票翻了倍以后，10送10，再回到14块多；然后再10送10，又翻倍。

做外汇，正好经历日币的大幅贬值。我觉得日本的核心竞争力是在它的那些高科技公司，那个时候买东西就买美国的、买德国的、买日本的，甚至现在这种印象还在，这些品牌的竞争力还在。我认为一个国家的货币其实就代表一个国家的生产力竞争力。我在日元最低的时候就买进去了，等涨回来的时候我把它换成了美元。

所以我还是比较幸运的，以认知出发，下重注，我初期交易就是以这种方法开始的。让我习惯从判断事情的发展规律作为交易的基础，我觉得这是交易的一个很好的切入点。

第二阶段，做期现套利的一个阶段。我们那个时候做油品、做煤炭的现货贸易，属于能源这一块。整个现货贸易过程大概两到三个月，因为市场价格都在不停地波动，贸易商会承担当中的价格波动风险。这个时候就需要用期货合约去锁定价格，锁定风险。其实这就是期货市场最基础的作用，很巧，我进入市场的时候是从最根本的点出发的。这样做了大概有两三年，我对这个市场有了一定的了解，开始去做单方向的博弈，就是做投机了。这个阶段才算真正受到了期货市场风险教育。

那个时候煤炭类的期货已经上市了?

对，我进入这个行业在整个期货行业来说是晚的。

那个时候已经有很多大佬了，你现在可以在很多书上看到他们的名字。我属于小辈，其实我还是在路上，不能说是一个成熟的交易员。从自己创造的财富而言，我也远远没有达到那些先辈们的体量，所以我认为自己在这个行业，用郭德纲的话来说，还是一个小学生。

第三阶段，不断提升的阶段。做期货主观交易后，我就开始输钱，经历很多问题，也可以说是踩了所有主观趋势交易员一般都要踩的坑，而且踩得非常惨烈。那时我们的资金总共大概2000多万，最惨的一次，以年来记，一年下来输了50%。那个时候是非常焦虑的，不知道怎么去做。

从我个人经历来说，**主观趋势交易者的“坑”包括五个方面：基本面的坑，技术面的坑，情绪管理的坑，资金管理的坑，身体健康的坑。**我目前自认为前面四个已经过了，第五个正在经历，后面还有什么坑我不知道。如果一定要分阶段的话，其实我现在还在不断踩坑的阶段当中。

市场上有很多交易员，大家往往互相看不上，做基本面的看不起做技术面的，做技术面的看不起基本面的。因为我还是一个比较爱学习的“小朋友”，经常参与交易员的交流，去向他们请教，然后慢慢发觉，其实交易员最大的优势是什么，非常自信，最大的劣势其实也来自于这里，自我设限。

做基本面的，如果行情走得顺的话确实厉害，但是碰到比较波折的比较曲折的行情，那就很有可能你看对了方向，但是结果是错的，账户权益挨不到基本面兑现的时候。

技术面也一样，技术面类似盲人摸象，它其实是抓着市场的一种博弈的方向。纯粹走技术面的话，那么它就有几率会碰到一个问题，赚得好好的，瞬间权益就被爆掉了。因为一旦基本面出现一个重大的消息公布也好，或者是一个转折也好，体现在市场上都是跳空或者非常快的转向，如果叠加交易员情绪控制问题的话，很有可能会爆仓。

还有情绪面，最有趣的就是会有两个极端，一个是赢了钱，开始觉得自己已经掌握期货市场的规律了，开始自我膨胀；还有一个极端，输到不敢碰键盘的这种程度。这种极端的情绪其实每个人都会有，是一种很正常的情绪。人都是有七情六欲的，你说完全能克制住自己，其实不太可能。我一直在和我的交易员说，你要认识自己的情绪，而不是去克服它，情绪是无法克服的。你只要知道现在处在什么样的情绪当中，你只要认识到了，那你就会顺应这种情绪，然后做出正确的判断。

还有一个面就是大家一直在讲的资金管理。从我的角度来说，资金管理就是一个概率论。你要有这个概率思维习惯，无论基本面技术面，它都是有一定概率去发生的，而不是说一定会发生。那么只要有概率，你只要认识到这个概率存在，你就自然而然地会去考虑，如果我的判断错了，或者下的注重了的话，概率的优势不在我这一边怎么办？然后你自然而然地就会去做资金管理。

现在我碰到的问题就是健康。从2013年开始到现在，我大概做了十年很高强度的专职交易，最近两年开始发现身体扛不住了，血压开始高，然后各种各样的健康问题出来，开始觉得自己精力不够了。以前看到市场有机会，哪怕在那儿连续奋战了一个礼拜，最后如果有收获的话，我会很兴奋，会忘却疲劳。但现在不行，现在我趴在那里，趴个一两天就不行了，血压开始高，人的意志开始涣散，根本扛不住。

我的交易历程就是分以上三个阶段，第一个阶段就是懵懵懂懂玩票的时候，第二个阶段是做期现套利，目前是第三阶段，主观趋势交易。目前在踩的坑就是健康。

有问题就解决问题，我开始锻炼身体，争取把身体上的问题解决掉。然后我把资金分散，有的就投了一些产品，投到我认为比较好的团队，还有我开始培养一些交易员。一些年轻交易员，可能是处于四个阶段当中，已经跨过两个阶段了，是有培养潜力的，他个人也有自我要求，那么我花精力花资金成本去培养，去给他做一些辅助。每个礼拜六我会召集交易员开会，总结一下上一周的交易，看有些什么问题，给些建议。然后对下周的行情做一下预判，做一些交易计划。

因为我的健康问题派生出来的几大状况就是，第一个我开始培养一些交易员，第二个我开始去市场上投一些交易团队，第三个就是把目标收益降低，目前设定个百分之二三十。

因为要和很多交易团队去聊他们的底层逻辑，培养很多新手交易员，我会更系统地去审视自己的交易系统，就好像一个好同学教一个差同学功课一样，就是费曼学习法[1]。很多交易员很有个性，而且总是认为自己

① 费曼学习法灵感源于诺贝尔物理奖获得者理查德·费曼（Richard Feynman），运用费曼技巧，你只需花上20分钟就能深入理解知识点，而且记忆深刻，难以遗忘。步骤包括Ⅰ.选择目标领域，并完全了解这个概念（Concept）；Ⅱ.向别人复述这个概念（Teach）；Ⅲ.纠错之后的再次学习（Review）；Ⅳ.回顾和精简（Simplify）。

已经开始稳定收益了，我的方法是没有错的，会有这种排外的抗拒的性格在里面，你能把他说服了很不容易，你本身一定要把他所处的阶段，把他可能会碰到的风险讲得清楚，事实证明，以后碰到了他就会觉得确实还是有道理的。

我现在平时就是健健身、打打球，然后看一些公众号，每个礼拜六礼拜天会去和行业里面的一些人去交流。自从我从事这一块工作以后，我发觉我的健康确实慢慢好起来了。这有可能就是我在踩第五个坑的时候，派生出来的更有趣的方向。

虽然这两年来我的收益有可能降低了，但是从整个人生的积淀来说，我觉得反而是增厚了，我一开始蛮焦虑的，但现在很享受这种状态。

回到咱们的主题，从头到尾我这二十多年的交易，其实就是这么一个小小的故事。

“交易更多的还是一种失败者的游戏”，你是怎么看待这句话的?

这个观点也对也不对。每个进入市场的人都认为自己是非常聪明的，是来挣钱的，没有人是准备来输钱的，虽然每个人都是带着这种想法和观点进来的，但是为什么最后发现胜者总是少数。

其实做任何行业都是这样的，哪怕是门口卖煎饼的，他每天一大清早出摊，不是为了来输钱的。但最后你会发觉，大家最后都会相对固定地去光顾某一家煎饼，竞争失败者最终被淘汰。不管在哪个行业里面，最后真正的挣钱的头部总是那么几个，那是为什么呢？很简单，大数法则。只要有竞争的地方，最终一定是胜者通吃的情况，那就会有大部分人是输家，当中一小层属于所谓的中产，附庸在胜者周围，出卖体力或者出卖一些最基本的生产资料。哪怕从整个全球的竞争格局来说也是这样的一个情况，只要是一个有博弈的市场，一定会这样的。

背后其实有很多原因，从我的观点来说，首先自我认知起到很关键的作用，要知道自己长处在哪，短处在哪。当认清楚自己之后，你就要开始学会去认清别人的优势在哪儿，别人的劣势在哪儿，这样才能扬长避短，在这个市场生存发展下去。

其次，就是如何面对人性弱点。每个人心智的成熟度是不一样的，发展的阶段也不一样。很多人年纪很大了，他的情绪认知还是很糟糕，碰到困难他都是采取躲避或者说视而不见的鸵鸟政策，碰到问题不会去解决，不会去迎难而上，不会去寻求其他人的帮助，不会向人去讨教。很多人不习惯客观地去看待一件事，总是从自己主观的冲动去判断一件事情。交易市场是不会惯着你的，你一定会受到惩罚的。

我见过很多赚了钱的大老板在这个市场上输了很多

钱，其实除去交易，回到自己本身的行业，如果还是用这种状态去做的话，也大概率会失败，只不过是受到惩罚的周期变长了而已。人是需要不断学习，不断面临问题并解决问题的。

普通投资者有哪些常见的交易上的误区?

大多数人在市场上赚不到钱，其实最主要的问题是学习能力不够，学习这件事情是非常痛苦的，它需要不断去挑战自己的脑力，不断去认清剖析自己，这件事情是非常难的。就像有个人说你不漂亮，说你笨，说你这件事情做得不对，所有的都是负面的东西，能客观地去看这些评价是很难的。为什么街上会有人一语不合就吵架，其实就是受不了对方否定自己。但是从我的角度来说，你学会去站在第三方的角度审视自己每一笔交易为什么会错误，为什么会对，这其实就跨了一大步，脱离普通人了。

很多交易者交易了十几年，你问他有多少交易笔记，请教了多少个行业里面的老师，就算是你问他看了多少本交易类的书，很少。开个户投个5万块钱就可以做期货了，但其实事情不是这样的，你开了个户放钱在里面，如果没有经过专业的训练，那你不就是输钱吗？像我比较喜欢打篮球，但高中之前没有打过，进高中后被选到校队，然后又代表区里去打市里面的青少年比赛，当时碰到了上海有名的篮球强校，他们年年比赛第一。正好我们打完休息的时候，我就主动去请教他们的教练，问教练怎么才能和这些高手一样。教练跟我说，你的天资不错，但是起步太晚了，他们这些都是从八九岁开始训练的，你一看就是半路出家，没有经过系统的训练，所以现在有可能就是你的顶峰了，但是你只要持续地训练，还是能达到他们现在水平的，但是他们也在跑，也在训练。如果同龄人竞争的话，其实说得很残酷，你永远是追不上他们的。

在交易市场里面其实也一样，赚钱最多的那些人其实一直在思考，一直在学习，不断地在提升自己。但很多普通人不是这样的，他就是反复地在一些问题上摔跟头，然后第二天重复这些错误。他们不是在做交易，从某种角度说，他们就是在赌博而已，就像买彩票一样的感觉，他没有去想学习这个东西，他只是把它作为一种赌博的渠道。

你涉足期货投资领域，前两个阶段主要靠自学，还是说有人带？

我还是比较好学的，我解决问题的一个渠道就是向书本学习，第二个渠道就是向行业的老前辈学习，这两个习惯其实对我帮助非常大。

其实就像学校里面一样，你向好同学和老师去问问题，我觉得十个人里面最多就一两个人因为比较忙或者说一些个别的原因会回绝你，大多数人都是愿意和你交流的。这有可能是人性当中的光辉点，人们普遍都愿意去传道授业解惑。所以我从小读书的时候就培养出这种习惯，我碰到问题就爱去问，爱去学，这个对我的帮助其实是很大的。只要是碰到问题，我认为我自己解决不了的，我就去学。

不要怕输，不要怕苦，定好目标，往那个方向尽力去奔跑。能借到的力量就去借，借力不是借钱，是借知识，人家做得好的你学不就好了嘛。你要去问去学，人家一定会教你的，哪怕个别的不教没关系，因为做这一行赚钱的人多了，一个个去问。包括现在我和很多好的交易团队，他们讲一些他们的交易理念，令我开拓思路，耳目一新。这个行业里面有太多打法，太多赚钱的方法，非常丰富，其实就像一个生物界一样，有很多种谋生的方式。我从小就喜欢看动物世界还有自然频道这些东西，社会的运转，事物本身的运转，其实有很多道理都是相通的，和生存的道理是相通的。

能不能跟我们谈谈最初做套利的交易经历？

我那个时候做套利其实还是很青涩的。我们做的其实很简单，因为当中有两到三个月的现货的周转期，那么我们只要去配一些相应的合约，选择时间敞口差不多的，锁定住合约的量就完事了，没那么复杂。

刚才提到交易第三阶段曾面临的惨重亏损，应该是你整个交易生涯中比较难熬的时刻，后来是怎么走出来的？

还是老样子，学习。认识到问题，解决问题。定好目标以后，不要躲避，吃了亏就说我不做了，那是不对的。比如说读书，我初二读得不好，我不读了可以吧？可以。那后面高中不读了吗，大学不读了吗？那你就失去上升的通道了。碰到问题你要去解决，哪怕每个人解决的时间有长短，但只要目标定好，你一直往前走，总有一天能走到。退一万步说如果你走不到，那你走别的路也可能走不到，这条路走不通，你怎么知道别的路走得通呢？这有可能是比较唯心的，不客观，比如你前面是条死路，你说我一定要走通它，但是从唯心的角度来说，死路只是一个局限的概念，物理的平面，只是在你这个高度，它是一条死路，只要把自己提高了，说不定就能跨过去了，可能它其实只是一堵墙而已。所以从唯心的角度来说，一切皆有可能，只要你内心足够强大。

你刚才也谈到了每种生物都有它的位置，它的生存之道。能不能跟大家谈谈，主观方向性趋势交易中，交易方法、生存之道是什么？

市场有太多的可能性了，而人能控制的只有自己，你能把握的只有自己，你只能把握自己的资金，把握自己的心态。所以我前面说，人首先要认识到自己是一个什么样性格的人，你现在处于一个什么样的状态，处于什么样的一个阶段，从这一点出发去做交易，那成功的概率就大了。你不要把重心放在外部的原因上，但外部的原因你要知道，你要懂，你要透，你要知道这个市场上一起参与博弈的资金是哪些，他们的做法是怎么样的，要多知道一些。就像草原上你是一只小兔子，你知道狼要吃你，你知道老虎要吃你，你知道狮子要吃你，哪些吃你的你都要知道，但是白天出去吃草还是晚上出去吃草，是你自己能把握的，你非要往狼多的地方跑，干嘛呢对吧？很简单，每一个生物都有它的生存之道，前提是你知道自己是什么，你知道自己是老虎，那就做老虎的事情，你知道自己是小兔子，那就做小兔子的事情，要明确自己在市场上的位置。

我现在资金到了这个体量，其实和一般的散户也没有什么区别，我就是一个散户，我没有自己的团队，不是团队作战。二者打法是不一样的，团队是另外一种打法。但认清楚自己的弱点，认清楚自己在市场上的位置，这一点非常重要。

因为主观交易只是一种类别，打法有很多种，我只能说我知道的打法。我知道的打法就是个人交易员是没有团队作战的，没有信息优势，没有资金优势，唯一能有的优势，就是所谓的自我管理得好，情绪你可以自我管理，不需要靠其他的资源。

第二个，资金管理你自己能管好，如果不行，叫你老婆管。打个比方，如果你有1000万的资金，你每次问老婆拿50万出来做交易。告诉她不管什么情况，我每次问你要钱，只能给我50万，平均一个月只能问你要一次，那样就算每次都输，也可以输两年。这就是最形象化的资金管理，如果你自己控制不住的话，那么就交给别人来控制。

个人交易员在基本面和技术面都没有优势。技术面其实就是对市场资金面多空博弈的量化的一个显现而已。因为人家大资金手上都是筹码，要造两个K线出来太简单了。你要想清楚你去赚谁的钱呢，我觉得这就是散户的优势。

大资金有大资金的优势，但也有大资金的难处，就是在这个价位上堆积了大量的资金的话，它要掉头很难的。形成集团军作战的话，它一定是要配合消息面，配合基本面，配合资金面，然后去做一把很大跨度的行情。

小资金不存在这个问题，你掉头快。打个形象的比方，就是集团军作战的时候，两个集团军对垒的时候，在刚开始对立的时候，你进去干嘛？一个小虾兵，连一颗子弹都挡不住。你就挑打扫战场的时候去，乘胜追击的时候去，等K线形成一波很流畅的涨势或者跌势再去。

很多书上都讲了，趋势出来了，其实它的原理就在于多空双方有一方溃退溃败了，一方乘胜追击的时候，这个时候阻力是最小的。这就是俗称“捡皮夹子”的时候，你跟着集团军去跑，跟着他们后面跑，等他们到了第二个博弈的价位，到第二个博弈的区间的时候，你就不要参与了，先出来，让他们打，打完以后再跟。这是第一个优势，资金劣势被你划成优势了，你要控制住你的情绪，不要上头，你要很清楚地知道自己是个什么定位，你该赚什么钱。

你刚才也提到了，有时候会带一些交易员，在挑选交易员的过程中，比较看重的是他们的哪些素质？

对我来说其实很简单，因为别的类型的交易员我也看不懂，只能看和我风格一致的主观趋势交易员。那么这类交易员就涉及几个方面，通过他的交易曲线和一些交易记录就能看出个大概，然后我再约过来聊一聊，问问他最大的亏损，最大的盈利，风控是怎么做的，基本上几个问题问好了以后就能产生一个对他目前状态的大概判断。以后说不好，至少我现在还没有看到能达到我这样程度的交易员，因为达到我这个程度的话，就不会去给别人打工了。就资金来说，你要张口要个几百万是蛮难的，但是你自己凑个几万十几万应该是很简单的。作为主观交易员的话，用个10万块钱其实足够你养家了，抓住一个好的行情足够能解决你的生存问题了。达到这个境界的人，也不太会说去想着管理别人的钱，因为付出的时间精力、获得的收益其实和做自己的资金没什么太大区别。

我之前本来是要去发一个产品，后来兜兜转转问下来以后，发觉投入和产出其实不太划算，自己又碰到健康的坑。因为你拿了别人的钱总得负责，无形当中给自己加了一道压力，我现在是需要给自己卸压力，所以说后来这件事情就不了了之了。

目前我碰到的交易员有可能都是缺了些东西，缺了一块或者两块的，那么我会跟他明确一下他现在的状态。他首先得认识到自己的问题，如果没有认识到那也没关系，我再保持联系一段时间。如果已经认识到了又愿意解决，那我去帮他解决问题。这些都是要花时间和成本的，那么我投入时间和成本的目的是什么，很简单，就是去分担我的资金，我们今后有可能会成为一个合伙人的关系。首先，你的职业规划是朝这个方向去做的，然后也认可我这个人的交易能力；其次，你觉得在我身上可以学到东西，能帮你去解决问题提升自己交易水平；再有，将来你愿意成为合伙人，共同去打理自己这一部分资金。三个点确定下来，那么我会花时间、花精力、花钱去培养他。其他一些我看不懂的策略，但是它确实是赚钱的，那么很简单，我投一部分钱，然后你做就可以了。

从原来十多年的连续亏损，到后来开始慢慢盈利，以及到这几年的大幅盈利，你觉得在这个过程中主要做对了哪些事?

就是我前面说的四个面，基本面、技术面、情绪控制，还有资金管理，四个面都要做好，每个环节都不可或缺。

基本面你要看出大方向，其他方向再牛也只不过是小幅不断亏损，不断斩仓，你是赚不了钱的。技术面过不了关，你判断不了市场资金对垒的情况，你没法赚钱。第三个情绪管理，你输了一把，没关系，扛得住，输了九把十把，整整一个月都在亏损，在主观交易当中，很有可能两三个月都在亏损，这很正常的。然后在一个月突然之间行情开始爆发，这个时候畏首畏尾你跟不上，因为前面被捶打得已经没有脾气了，或者人的状态不行了，情绪不亢奋了，跟不上行情了，你也是赚不到钱的。资金管理的话就很简单，资金管理其实涉及一个问题叫爆仓率，资金管理不好，明明不是好的机会，硬着头皮强上，全部的资金，几年的积累，一个晚上就灰飞烟灭了。

所以这四个面你都要通，也不用说都要100%，没有100%的事情，但是你都要及格，这样你才可能在市场上赚钱。

那么所谓的赚大钱，或者说稳定盈利，其实这是一个伪概念。我讲的这四个方面你能发觉基本都是你个人能控制的东西，基本上你要自己去学，你的认知决定了你看得懂哪些东西，技术面也是你自己去学的，是你自己去领会的。情绪更是靠个人的环节了。但是钱是谁给你赚的？钱是市场给你赚的。市场死气沉沉的始终在震荡，你赚什么钱？就从主观趋势来说，没有好的行情你赚什么钱？不可能的。所谓从稳定盈利到爆发式盈利，这不是你人为能控制的，你只是做好自己而已。当这个行情确实朝好的方向去发展了，你坐上顺风车而已。

除了刚才说的极为重要的这几个方面，如果再给刚刚进入市场的交易者一些关于交易方面的建议，你有什么想要补充的吗？

做好交易笔记，每个礼拜回顾自己的交易非常重要。不断地去审视自己，审视自己了你才能去学习。第二步就是去分析自己的交易，哪里对哪里错。

如果是经验相当丰富了，但还是持续亏损的交易员呢?

资金管理。这四个面里面保命的就是资金管理。应该首先学资金管理，再去学情绪控制，再去学基本面，再去学技术面。资金管理优于情绪面，情绪面优于基本面和技术面。

首先你得学习风险管理，这一点你去看大型的公募基金也好，私募基金也好，风控部门是优先于交易部门的，而且是独立的，不听你的，天王老子来跟我讲也没有用，风控就是风控。因为交易是一个不断学习的很长的过程，而风控决定你能在市场上存留的最大的时间，你学习要时间，你抓住机会要时间，什么都需要时间，你得先确保自己存活下去。所以说有一定交易经验的，我建议首先去学风险控制。

延伸阅读

中国顶级交易员访谈实录，为您解答交易中最重要的问题单

➡《交易员的自我修养（徐华康）》

➡《交易员的自我修养（杨楠）》

* 专业投资人做正确的行动，而业余投资人不断犯下错误，而且他们并不知道错在哪里。

* “中国顶级交易员访谈丛书”致力于通过十数年时间，遍访交易高手，汇集成交易经验的饕餮盛宴，以飨读者。访谈对象不以名气论英雄，而看重真材实料。其中有神秘莫测的做市商，有大型金融公司的操盘手，有业绩显赫的私募老总，有名不见经传的民间高手，有独辟蹊径的交易怪才……读者可以在对比阅读中各取所需，提取适合自己性格和经历的交易干货，站在巨人的肩膀上，尽快走向稳定盈利之路。

* 你不用犯下所有的错就可以真正学到正确的交易理念，这些正是这套丛书所要传达的。能够吸取那些最棒的前辈已经用实践证明的洞见，绝对是到达成功交易的最短路径。

延伸阅读

媲美《富爸爸穷爸爸》，教你如何提前退休

➡《财富自由之路：ETF定投的七堂进阶课》

作者：徐华康

*这本书适合那些愿意用二十年时间轻松简单地实现财务自由的人，而不是那些希望在三五年内快速实现财务自由的人

*什么东西一定会上涨？这么多年来，从股票到衍生品，除了纯粹的套利交易确定性较高外，只有指数在过去十几年来是一直向上的

*投资保守的失恋青年小刘，投资激进的过气女主播静静，神秘的客栈老板老徐，因缘际会相遇在大理，三个人，七堂课，在旅行的故事中走向属于自己的财富自由之路

国内第一本小说体期权交易实战指南

➡《我当交易员的日子：期权波动率交易核心策略与技巧》

作者：徐华康、王美超

*国内罕见的“小说体”期权交易实战指南

*浓缩两位操盘无数的期权“老鬼”的期权波动率交易经验，说透期权波动率交易的核心策略与技巧

*经验丰富的一线期权交易员在期权波动率交易中的所思、所想、所感、所悟，真实再现中国股票期权市场诞生以来的机会与风险

延伸阅读

比《华尔街幽灵》更真实，比《海龟交易法则》更有效

➡《交易的真相》

作者：极地之鹰

*毫不吝啬地和盘托出在交易之路上的经验和教训，层层递进地指出交易历程中存在的误区，一层层地剥掉投资领域里随处可见的“皇帝的新衣”，让“交易的真相”水落石出

*9年交易经验的交易员作者在书中完整公开了自己价值千金的交易系统，并经过历时半年的实验证明其有效性

*言简意赅，不啰嗦、不堆砌，通篇干货，思人所不能思，写人所不敢写

知乎作者赛博格Cyborg对交易系统框架、原理及构建的完美阐释

➡《交易的逻辑与艺术》

作者：陈侃迪

*作者将自己近年来在交易之路上的经验总结毫不吝啬地与读者分享，书中关于交易系统的四种情形和临界点、交易中不可能三角的描述分析，是国内难得的关于交易系统底层逻辑的原创思考

*只要在市场交易，你的交易系统就和市场状况、基本假设及仓位资金管理脱离不了关系，本书给了我们交易人最深刻的心灵深处的问题的解答

延伸阅读

“龙头战法”体系大厦的“四梁八柱”尽在此书

➡《情绪流龙头战法》

作者：杨　楠

*本书是关于龙头战法最为系统的书籍，虽然主要讲述的是龙头战法，但其中阐述的原理、思想以及相关知识，完全适用其他一切盈利模式。本书主要有三大部分，分别是《股市之我见》《情绪流龙头战法》和《股市天经》，涵盖了学习龙头战法绕不过去的“道”和“术”，是一本系统揭示龙头战法交易精髓的教材式书籍。

*股票大作手杰西·利弗莫尔：“追随领头羊，集中精力研究当日行情里表现突出的那些股票。如果你不能从龙头股上赢得利润，那么你就不能从整个市场赢得利润。”

全球正在流行的专业金融交易系统

➡《一目均衡表》

作者：黄怡中

*全世界技术分析的鼻祖，备受欧美专业操盘人推荐，让你一眼看清趋势。

*以逻辑化、系统化视野，见人所未见，知人所未知，及时感知价格波动的平衡破坏与趋势性。

延伸阅读

➡《乌合之众：大众心理研究》

“《乌合之众》是一本可怕的书，他将社会大众的心理阴暗面毫不掩饰地暴露在阳光之下，别有用心的人甚至可以利用群体的种种心理弱点作为其权力与财富的抓手。”

——“金融大鳄”索罗斯

➡《大癫狂：非同寻常的大众幻想与群众性癫狂》

“数学不能控制金融市场，而心理因素才是控制市场的关键。更确切地说，只有掌握住群众的本能才能控制市场，即必须了解群众将在何时以何种方式聚在某一种股票货币或商品周围，投资者才有成功的可能。”

——“金融大鳄”索罗斯

“只要如此愚蠢的行为能够继续存在下去，那么一个真正理性的投资者始终有望利用大众的疯狂为自己谋利。具有常识的个体很容易觉察到集体的疯狂，个体将会借此获取巨额的利润。”

——查尔斯·麦基
